BEI GRIN MACHT SICH IHR WISSEN BEZAHLT

- Wir veröffentlichen Ihre Hausarbeit, Bachelor- und Masterarbeit

- Ihr eigenes eBook und Buch - weltweit in allen wichtigen Shops

- Verdienen Sie an jedem Verkauf

Jetzt bei www.GRIN.com hochladen und kostenlos publizieren

Bibliografische Information der Deutschen Nationalbibliothek:

Die Deutsche Bibliothek verzeichnet diese Publikation in der Deutschen Nationalbibliografie; detaillierte bibliografische Daten sind im Internet über http://dnb.d-nb.de/ abrufbar.

Dieses Werk sowie alle darin enthaltenen einzelnen Beiträge und Abbildungen sind urheberrechtlich geschützt. Jede Verwertung, die nicht ausdrucklich vom Urheberrechtsschutz zugelassen ist, bedarf der vorherigen Zustimmung des Verlages. Das gilt insbesondere für Vervielfältigungen, Bearbeitungen, Übersetzungen, Mikroverfilmungen, Auswertungen durch Datenbanken und für die Einspeicherung und Verarbeitung in elektronische Systeme. Alle Rechte, auch die des auszugsweisen Nachdrucks, der fotomechanischen Wiedergabe (einschließlich Mikrokopie) sowie der Auswertung durch Datenbanken oder ähnliche Einrichtungen, vorbehalten.

Impressum:

Copyright © 2018 GRIN Verlag
Druck und Bindung: Books on Demand GmbH, Norderstedt Germany
ISBN: 9783668723689

Dieses Buch bei GRIN:

https://www.grin.com/document/428877

Jan Eßer

Wäre der Bitcoin eine gute Alternative zum Euro? Bitcoins als Zahlungsmittel der Zukunft

GRIN Verlag

GRIN - Your knowledge has value

Der GRIN Verlag publiziert seit 1998 wissenschaftliche Arbeiten von Studenten, Hochschullehrern und anderen Akademikern als eBook und gedrucktes Buch. Die Verlagswebsite www.grin.com ist die ideale Plattform zur Veröffentlichung von Hausarbeiten, Abschlussarbeiten, wissenschaftlichen Aufsätzen, Dissertationen und Fachbüchern.

Besuchen Sie uns im Internet:

http://www.grin.com/

http://www.facebook.com/grincom

http://www.twitter.com/grin_com

Pascal-Gymnasium Grevenbroich

Segen oder Fluch – Bitcoins als Zahlungsmittel der Zukunft

VORGELEGT ALS FACHARBEIT VON JAN EẞER AM 16.03.2018

Inhaltsverzeichnis

1. Einleitung 1
2. Konzept von Bitcoin 1
3. Grundlagen 2
   3.1. Peer-to-Peer-Netzwerk 2
   3.2. Blockchain 2
   3.3. Mining 3
4. Nachteile der Bitcoin-Blockchain 4
   4.1. Sabotage beim Mining 4
   4.2. Verwendung für illegale Zwecke 5
   4.3. Stromverbrauch 6
   4.4. Kosten und Geschwindigkeit von Transaktionen 7
5. Bitcoin und Euro im Vergleich 8
6. Zukünftige Entwicklung & Herausforderungen 9
7. Fazit 10

1. Einleitung

Seit Jahrtausenden vertrauen wir unser Geld den Banken und/oder anderen Finanzinstitutionen an, um uns vor Betrug beim Handeln zu schützen. Dies funktioniert, indem sowohl der Zahlende als auch der Empfänger der Zahlung der Bank vertrauen. Bevor der Verkäufer die gewünschte Ware an den Käufer übergibt, wartet dieser auf die Bestätigung der Bank, dass diese das Geld vom Käufer erhalten hat. Dabei muss das erhaltene Geld nicht unbedingt Bargeld sein. Es kann sich auch um digitales Geld vom Konto des Käufers handeln. Das heißt, dass dieses Geld kein Gegenstand, sondern lediglich ein Eintrag in den Kontobüchern der Bank ist. Diese Art von Geld wird auch *Buchgeld* genannt.[1] Der Bitcoin basiert ebenfalls auf dem Prinzip des Buchgeldes. Dennoch unterscheidet er sich in ein paar Punkten vom digitalen Euro. Der wohl markanteste Unterschied ist, dass er, um zum Handeln benutzt zu werden, keine solche Finanzinstitution benötigt. Die Frage, ob der Bitcoin als offizielle Währung funktionieren könnte und die Banken damit unnötig machen würde, bleibt jedoch noch offen.

2. Konzept von Bitcoin

Der Bitcoin wurde von einer unbekannten Person unter dem Pseudonym *Satoshi Nakamoto* entwickelt. Es handelt sich dabei, wie bereits erwähnt, um eine digitale Währung, auch *Kryptowährung* genannt, welche das Prinzip der Blockchain als Transaktionsdatenbank benutzt. Das Bitcoin-Netzwerk wurde außerdem mit dem Ziel programmiert, ohne „eine zentrale Autorität"[2] auszukommen und damit die momentan noch benötigte Finanzinstitution überflüssig zu machen.[3]

---

[1] Ohne Autor: Buchgeld, Deutsche Bank [https://www.bundesbank.de/Redaktion/DE/Glossareintraege/B/buchgeld.html]
[2] Ohne Autor: Häufig gestellte Fragen, Bitcoin [https://bitcoin.org/de/faq]
[3] Nakamoto, Satoshi: Bitcoin open source implementation of P2P currency, P2P foundation [http://p2pfoundation.ning.com/forum/topics/bitcoin-open-source]

3. Grundlagen

3.1. Peer-to-Peer-Netzwerk

Um die Finanzinstitution als Mittelpunkt unnötig zu machen, basiert das Bitcoin-Netzwerk auf einem Peer-to-Peer-Netzwerk. Wörtlich übersetzt heißt es so viel wie *Gleichrangiger zu Gleichrangiger*. Dies beschreibt auch relativ gut, worum es sich handelt. Ein Peer-to-Peer-Netzwerk, auch *P2P-Netzwerk* genannt, ist eine Verbindung von zwei oder mehr Computern, welche zusammen ein Netzwerk bilden, in dem alle Teilnehmer gleichberechtigt sind. Es kann also jeder Computer im Netzwerk das Gleiche tun und keiner ist den anderen über- bzw. untergeordnet. Diese Art von Netzwerk wird als *dezentral* beschrieben, da es ohne Server oder ähnlichem funktioniert.[4]

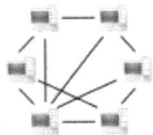

Abbildung 1: Bildliche Darstellung eines P2P-Netzwerks

3.2. Blockchain

Die Blockchain ist eine sogenannte *Distributed-Ledger-Technologie (DLT)*, also eine dezentrale Datenbank, in der Daten von allen Nutzern im Netzwerk eingesehen und abgespeichert werden können. Im Falle vom Bitcoin-Netzwerk werden in dieser Datenbank, auch *Ledger* genannt, alle Transaktionen eingetragen.[5]

Der Ledger befindet sich bei allen Nutzern des P2P-Netzwerks und ist wie ein Stapel aufgebaut. Er besteht aus verschiedenen Blöcken, welche jeweils ein oder mehrere Transaktionen beinhalten. Außerdem hat jeder Datenblock einen Hash-Wert, welcher aus dem Hash-Wert des vorherigen Blocks, sowie aus der gewünschte Transaktion besteht und als eine Art Fingerabdruck fungiert. Als Hash bezeichnet man eine Hexadezimalzahl, festgelegter Länge, die entstanden ist, indem ein Hash-Algorithmus Daten beliebiger Länge verkürzt hat. Bitcoin wendet den SHA-256 Hash-Algorithmus an. Somit ist jeder Block einzigartig und kommt nicht noch einmal in der Blockchain vor.

Eine Ausnahme stellt der erste Block in der Kette dar, da dieser keinen vorherigen Block hat und somit auch keinen Vorgänger in seinem Hash-Wert haben kann. Dies ist der *Genesis Block*. In der Bitcoin-Blockchain wurde dieser erste Block am 03. Januar 2009, um 18:15 Uhr erstellt.

---

[4] Zick, Thomas: Peer-to-Peer – Was ist das?, Chip [https://praxistipps.chip.de/peer-to-peer-was-ist-das_38408]
[5] Prof. Dr. Mitschele, Andreas: Blockchain, Gabler Wirtschaftslexikon
[http://wirtschaftslexikon.gabler.de/Archiv/-2046105401/blockchain-v7.html]

Er enthält eine Transaktion von 50 Bitcoins und stellt den Ursprung der Bitcoin-Blockchain dar, die mittlerweile über 512.700 Blöcke lang ist.[6]

Um eine Transaktion vornehmen zu können, muss die Blockchain also um einen Block erweitert werden, in dem diese Transaktionen enthalten ist. Dies kann jedoch nicht derjenige machen, der die Transaktionen tätigen will. Er kann lediglich einen Antrag auf eine Transaktion stellen. Nun beginnen alle anderen Nutzer des P2P-Netzwerks einen Hash-Wert zu errechnen, welcher die Informationen bzw. den Hash-Wert des letzten Blocks, sowie die gewünschte Transaktion des Antragstellers beinhaltet. Außerdem muss der Hash-Wert mit einer bestimmten Anzahl an Nullen beginnen, damit der Block gültig ist. Die Anzahl, der benötigten Nullen, wird durch die *Schwierigkeit* bestimmt. Zu Beginn war die Schwierigkeit 1, aber nach jeweils 2016 neuen Blöcken, wird die Schwierigkeit an die Rechenleistung des Netzwerks angepasst, sodass es ca. 2 Wochen braucht, bis weitere 2016 neue Blöcke errechnet wurden.[7] Die momentane Schwierigkeit liegt bei ungefähr 3.290 Milliarde.[8] Es benötigt also 3.290 Milliarde mal mehr Arbeit einen Block zu berechnen, als der erste Block benötigt hat.

Sobald ein Nutzer einen möglicherweise gültigen Hashwert errechnet hat, wird der neue Block in seinen Ledger eingetragen und von allen anderen Nutzern überprüft. Wenn der Block gültig ist, wird dieser bestätigt und im Ledger aller anderen Nutzer, des P2P-Netzwerks ergänzt. Falls der Block jedoch nicht gültig sein sollte, wird dieser von der Mehrheit der Nutzer als ungültig erkannt und aus dem Ledger des Nutzers, der diesen ungültigen Block errechnet hat gelöscht. Durchschnittlich benötigt es in der Bitcoin-Blockchain zehn Minuten bis ein gültiger Block gefunden wird, was bedeutet, dass eine Transaktion nach durchschnittlich zehn Minuten abgeschlossen ist.[9] [10]

3.3. Mining

Damit weitere Transaktionen getätigt werden können, müssen die Nutzer des Netzwerks Hash-Werte errechnen. Dieser Rechenvorgang, auch Mining genannt, benötigt natürlich Rechenleistung. Als Entschädigung für den Aufwand bekommt also der Nutzer, der einen Hash als erstes errechnet hat, eine bestimmte Anzahl an Bitcoins.[11] Am Anfang entsprach diese

---

[6] Bitcoin-Blockchain, Block #0
[https://blockchain.info/block/000000000019d6689c085ae165831e934ff763ae46a2a6c172b3f1b60a8ce26f]
[7] Ohne Autor: Was ist Bitcoin Mining, BitcoinMining [https://www.bitcoinmining.com/de/]
[8] Bitcoin Difficulty, BitcoinWisdom [https://bitcoinwisdom.com/bitcoin/difficulty]
[9] SemperVideo: Blockchain – Die Theorie, YouTube [https://www.youtube.com/watch?v=4Eoela-Ai-o]
[10] SemperVideo: Blockchain – Die Praxis, YouTube [https://www.youtube.com/watch?v=Ep7nY8aicn8]
[11] Ohne Autor: Wie funktioniert Bitcoin-Mining?, BTC ECHO [https://www.btc-echo.de/tutorial/wie-kann-ich-bitcoins-minen/]

Entschädigung 50 Bitcoins, doch mittlerweile liegt dieser Wert nur noch bei 12,5 Bitcoins. Dies liegt daran, dass die maximale Anzahl an Bitcoins, die jemals erschaffen werden können bei 21 Millionen liegt. Damit diese Grenze niemals erreicht wird, halbiert sich die Belohnung nach 210.000 errechneten Blöcken. Das hat zur Folge, dass die Belohnung für das Errechnen eines gültigen Hash sich immer weiter an null annähert, jedoch niemals null erreicht.[12]

Da der Nutzer, mit der meisten Rechenleistung, die höchste Chance hat einen Hash zu errechnen, gibt es sogenannte *Mining-Pools*. Dabei handelt es sich um eine Gruppe von Nutzern, die sich zusammenschließt, um zusammen eine höhere Rechenleistung zu erzielen. Falls dieser Mining-Pool dann einen gültigen Hash errechnet, wird der *Block-Reward* auf alle Nutzer im Pool aufgeteilt. Dabei hängt der Anteil an der Belohnung von der Rechenleistung des einzelnen Nutzers ab. Das bedeutet, dass ein Nutzer, der 2% der gesamten Rechenleistung eines Mining-Pools ausmacht, auch 2% des Block-Rewards erhalten würde. Aus diesem Grund ist es wahrscheinlicher Bitcoins zu erhalten, wenn man Teil eines Mining-Pools ist, als wenn man nur seine eigene Rechenleistung hat.[13]

4. Nachteile der Bitcoin-Blockchain

4.1. Sabotage beim Mining

Wenn es jemandem gelingt allein oder mithilfe eines Mining-Pools mehr als 51% der gesamten Rechenleistung des Bitcoin-Netzwerks zu erlangen, könnte dieser dies ausnutzen, um zum Beispiel eine *Double-Spending-Transaction* durchzuführen. Das bedeutet, dass er eine bereits abgeschlossene Transaktion, rückgängig machen oder zu einem anderen Empfänger umleiten könnte. Sollte der Angreifer weniger als 51% der Rechenleistung haben, würde dies nicht funktionieren, da die Mehrheit diesen abgeänderten Block nicht bestätigen würde. Falls dem Angreifer jedoch mehr als 51% der gesamten Rechenleistung zur Verfügung steht, kann dieser seinen veränderten Block bestätigen und damit gültig machen. In diesem Fall spricht man von einer *51% - Attacke*.

Außerdem könnte der Angreifer alle neuen Transaktionen blockieren, indem er diese nicht bestätigt. Ein Nutzer, der mehr Rechenleistung hat, als alle andern Nutzer zusammen haben,

---

[12] Kannenberg, Axel: Bitcoin: Belohnung für Miner halbiert sich auf 12,5 Bitcoin, Heise [https://www.heise.de/newsticker/meldung/Bitcoin-Belohnung-fuer-Miner-halbiert-sich-auf-12-5-Bitcoin-3262822.html]
[13] Ohne Autor: Individual Mining and Mining Pools, Wayback Machine Internet Archive [https://web.archive.org/web/20150321102332/http://pandacoinpnd.org/individual-mining-and-mining-pools/]

könnte theoretisch verhindern, dass die anderen Nutzer einen gültigen Block errechnen. In Folge dessen, sind die einzigen gültigen Blöcke die, die vom Angreifer selbst errechnet wurden. Somit erhält nur noch der Angreifer Block-Rewards.[14]

4.2. Verwendung für illegale Zwecke

Die Bitcoin-Blockchain ist öffentlich einsehbar. Es kann also jeder sehen, wenn der Bitcoin-Kontostand eines Nutzers sinkt oder steigt. Wenn man also sieht, dass der Kontostand des Nutzers abc123 um 0,5 Bitcoin sinkt und der Kontostand des Nutzer xyz789, zur gleichen Zeit um 0,5 Bitcoin steigt, kann man davon ausgehen, dass Nutzer abc123 0,5 Bitcoin an Nutzer xyz789 überwiesen hat. Dennoch können den Nutzern ihre wahre Identität nicht nachgewiesen werden. Dies nutzen Kriminelle aus. Ein Beispiel wäre der Erpresser, der im Dezember 2017 Bomben in DHL-Paketen platzierte und 10 Millionen Euro in Bitcoins als Lösegeld forderte oder die *Darknet-Drogenbörse Silk Road*, die Bitcoins als Zahlungsmittel zum Kauf von Drogen akzeptiert. Im Falle von Silk Road funktioniert dies wahrscheinlich ohne Probleme, da es sich um geringe Summen handelt. Doch größere Summen, wie die 10 Millionen Euro, die der Erpresser forderte, würden beim Umtauschen in Euro Aufmerksamkeit erregen und überprüft werden. Das heißt, sobald ein Krimineller hohe Summen an Bitcoins verkauft und das Geld als Euro auf sein normales Bankkonto überweisen lässt, kann die Polizei leicht bei der entsprechenden Bank an die persönlichen Informationen dieser Person gelangen und diese festnehmen.[15]

---

[14] Ohne Autor: Was ist eine 51%-Attacke und wie funktioniert sie?, BTC-Echo [https://www.btc-echo.de/tutorial/bitcoin-51-attacke/]
[15] Fuest, Benedikt: Der Bitcoin ist weniger anonym als gedacht, Welt [https://www.welt.de/finanzen/article171408831/Der-Bitcoin-ist-weniger-anonym-als-gedacht.html]

4.3. Stromverbrauch

Da das Minen, also das errechnen von neuen Blöcken, mit zunehmender Rechenleistung des Netzwerks, immer schwieriger wird, verbraucht das Bitcoin Netzwerk auch immer mehr Strom. Die Rechenleistung des Bitcoin-Netzwerks wird in Hash pro Sekunde angegeben und entspricht gerade ungefähr 23,8 Exahashes pro Sekunde. Das bedeutet, dass das Bitcoin-Netzwerk 23,8 Trillionen Berechnungen pro Sekunde erledigt.[16] Die benötigte elektrische Leistung von 1 Tera-Hash pro Sekunde beläuft sich auf 100 Watt.[17]

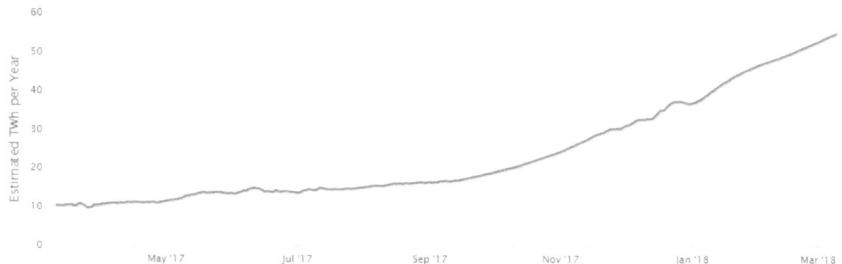

Abbildung 2: Der Energieverbrauch des Bitcoin-Netzwerks innerhalb des letzten Jahres

Am 10.02.2017 verbrauchte das Bitcoin-Netzwerk noch 9,5 Tera-Wh/Jahr, 11 Monate später verbrauchte es bereits 42 Tera-Wh/Jahr und noch 2 Monate später, am 10.03.2018 verbraucht das Bitcoin-Netzwerk bereits 55 Tera-Wh/Jahr.[18] Zum Vergleich: Deutschland verbrauchte im Jahr 2016 516 Tera-Wh/Jahr. Das Bitcoin-Netzwerk verbraucht im März 2018 also 10% von dem was ganz Deutschland im Jahr 2016 verbraucht hat.[19]

Der verbrauchte Strom muss natürlich auch produziert werden und das führt dazu, dass der Umwelt geschadet wird. Im November 2017, als das Bitcoin-Netzwerk gerade mal 25 Tera-Wh/Jahr verbraucht hat, wurden die, durch die Stromproduktion entstandenen Emissionen bereits auf 24 bis 40 Tonnen CO_2 pro Stunde geschätzt, vorausgesetzt der Strom wurde nur durch Kohlekraftwerke gewonnen. Damit ein Auto auf die gleichen Werte kommt, müsste es über 200.000 Kilometer weit, also 5x um die ganze Erde, fahren.[20]

---

[16] Absolute hashrate in exahashes per second, fork.lol [https://fork.lol/pow/hashrate]
[17] Herstellerangaben von Bitmain, Bitmain Shop [https://shop.bitmain.com/antminer_s9_asic_bitcoin_miner.htm?flag=specifications]
[18] Bitcoin Energy Consumption Index, Digiconomist [https://digiconomist.net/bitcoin-energy-consumption]
[19] Ohne Autor: Stromverbrauch, Umwelt Bundesamt [https://www.umweltbundesamt.de/daten/energie/stromverbrauch]
[20] Ohne Autor: Folgen des Bitcoin-Booms: Mining erzeugt riesigen ökologischen Fußabdruck, Futurezone [https://www.futurezone.de/digital-life/article212428501/Folgen-des-Bitcoin-Booms-Mining-erzeugt-riesigen-oekologischen-Fussabdruck.html]

4.4. Kosten und Geschwindigkeit von Transaktionen

Das Bitcoin-Netzwerk wächst immer weiter und damit auch die Anzahl an getätigten Transaktionen. Durch die stetig wachsende Nutzerzahl, wurde das Bitcoin-Netzwerk im

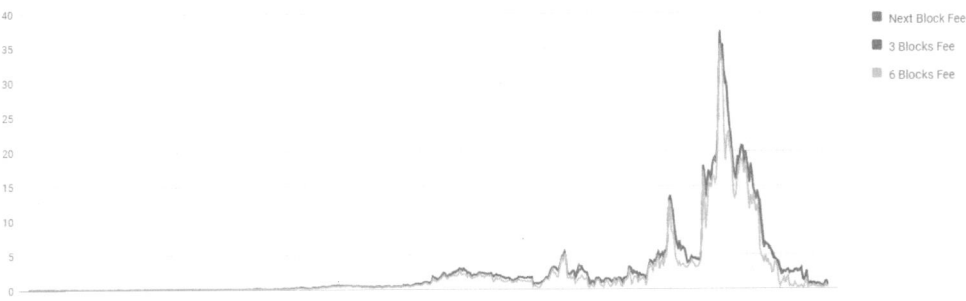

Abbildung 3: Die Kosten einer Bitcoin-Transaktion in US-Dollar

November 2017 bereits einmal überlastet. Grund dafür war, dass ein Block in der Blockchain maximal 1MB groß sein konnte, und damit nur begrenzt viele Transaktionen pro Block möglich waren. In Folge dessen, wurde den Nutzern angeboten, dass gegen eine Zahlung von Transaktionsgebühren ihre Transaktion bevorzugt, also schneller bestätigt und abgeschlossen, wird. Logischerweise stiegen die Kosten einer Transaktion dadurch immens.

Wenn ein Nutzer nicht bereit war diese Gebühren zu zahlen, nur damit seine Transaktion schneller bearbeitet wird, musst dieser in Kauf nehmen, dass seine Transaktion deutlich länger benötigt oder überhaupt nicht bestätigt wird.[21]

Um dieses Problem zu beheben veröffentlichte das Bitcoin Entwicklerteam eine verbesserte Version des Bitcoin Core Quellcodes. Das Update nennt sich *Segregated Witness*, oder kurz *SegWit*. Neben einer Schwachstelle, die dieses Update behoben hat, sorgte es auch dafür, dass ein Block, statt der ursprünglichen 1MB, bis zu 4MB an Daten beinhalten kann. Durch das Einführen von SegWit sind die Gebühren für eine Transaktion wieder deutlich gesunken, wie man auf dem Graph (Abbildung 3) gut erkennen kann.[22]

---

[21] Ohne Autor: Analysten: Warum Bitcoin als Bezahlmethode versagt, Businessinsider Deutschland [http://www.businessinsider.de/analysten-warum-bitcoin-als-bezahlmethode-versagt-2017-11]
[22] Preuss, Mark: Was ist Segregated Witness?, BTC-ECHO [https://www.btc-echo.de/was-ist-segregated-witness/]

5. Bitcoin und Euro im Vergleich

Der Euro, wie wir ihn kennen, wurde im Dezember 2001 eingeführt und wird seit dem 01. Januar 2002 als Zahlungsmittel akzeptiert.[23] Er ist mittlerweile die zweitmeist verbreitete Währung der Welt. Nur der US-Dollar ist weiterverbreitet.[24]

Der größte Unterschied im Vergleich zum Bitcoin ist, dass der Euro nicht nur digital, sondern auch als echtes Objekt, bzw. *Fiatgeld*, existiert. Als Fiatgeld bezeichnet man Tauschobjekte, deren materieller Wert geringer als deren Handelswert ist.[25]

Außerdem wird der Euro, im Gegensatz vom Bitcoin, von einer zentralen Macht, der europäischen Zentralbank in Frankfurt am Main, verwaltet. Das heißt, dass die Zentralbank jederzeit so viel neues Geld in Umlauf bringen kann, wie benötigt wird. Beim Bitcoin ist dies nicht möglich, da die Anzahl an Bitcoins, die beim Minen entstehen, festgelegt ist.[26]

Man könnte meinen, dass der Bitcoin, aufgrund seiner maximalen Anzahl von 21 Millionen Bitcoins nicht als Währung geeignet ist. Dies ist aber nicht der Fall, da der Bitcoin, ähnlich wie der Euro, Nachkommastellen hat. Der entscheidende Unterschied hierbei ist, dass der Bitcoin nicht nur zwei, sondern ganze acht Nachkommastellen hat. Bei der letzten Nachkommastelle des Bitcoins spricht man, nicht wie beim Euro von Cents, sondern von Satoshi (0,00000001 Bitcoin ≙ 1 Satoshi)[27]. Laut einem Informationsvideo auf YouTube zum Thema Bitcoin sind derzeit 918,6 Milliarden Euro in Umlauf. Wenn man diese Summe in der kleinsten Einheit des Euros ausdrückt, wären das 91.860 Milliarden Cents. Verglichen mit den 210.000.000 Milliarden *Satoshi*, ist dies ziemlich wenig.[28]

Die Kaufkraft des Euros schwankt natürlich, wie bei jeder anderen Währung auch. Dabei handelt es sich um die Inflation bzw. Deflation. Beim Bitcoin lässt sich etwas Ähnliches am Kurs beobachten. Im Dezember 2017 war der Bitcoin zwischenzeitlich über 16.000€ wert, wohingegen er zurzeit nur noch ca. 7.400€ wert ist. Dieser Wert hängt vom Angebot an Bitcoins, sowie der Nachfrage nach Bitcoins ab. Der Unterschied zum Euro ist, dass der Bitcoin in seiner maximalen Anzahl begrenzt ist und der Wert, aus diesem Grund, über längere Zeit nur

---

[23] von Hellfeld, Matthias: Die Einführung des Euro – 1. Januar 2002, DW [http://www.dw.com/de/die-einf%C3%BChrung-des-euro-1-januar-2002/a-3991018]
[24] Currency Composition of Official Foreign Exchange Reserves (COFER), IMF DATA [http://data.imf.org/?sk=E6A5F467-C14B-4AA8-9F6D-5A09EC4E62A4]
[25] Ohne Autor: Fiat-Geld, Kreditkarte.net [https://www.kreditkarte.net/lexikon/fiat-geld/]
[26] Ohne Autor: Europäische Zentralbank, europa.eu [https://europa.eu/european-union/about-eu/institutions-bodies/european-central-bank_de]
[27] Ohne Autor: Einheiten, BitcoinWiki [https://de.bitcoin.it/wiki/Einheiten]
[28] SemperVideo: Bitcoin: Die Internet-Währung [https://www.youtube.com/watch?v=okyWz11OixU]

steigen kann, wenn die Nachfrage gegeben ist. Da der Euro in seiner maximalen Anzahl quasi unbegrenzt ist, ist eine Inflation auf längere Sicht unvermeidlich.

6. Zukünftige Entwicklung & Herausforderungen

Eine große Herausforderung, die der Bitcoin in Zukunft zu bewältigen hat, ist der hohe und exponentiell steigende Stromverbrauch und die damit verbundene Umweltverschmutzung. Alleine in der Zeit vom November 2017 bis zum März 2018 hat sich der Stromverbrauch mehr als verdoppelt. Es wird geschätzt, dass wenn der Stromverbrauch weiter dermaßen steigt, das Bitcoin-Netzwerk im Jahr 2020 mehr Strom als die gesamte Welt benötigen wird.[29] Diese Spekulation ist im Hinblick auf die dadurch entstehenden Umweltschäden erschreckend, wird aber wahrscheinlich niemals Realität werden, da der Wert eines Bitcoins weit über 1 Million US-Dollar steigen müsste, damit die Stromkosten gedeckt werden können.[30] Dennoch muss der Stromverbrauch des Bitcoin-Netzwerks sinken, um als globales Zahlungsmittel funktionieren zu können. Verglichen mit dem Netzwerk vom Kreditunternehmen *Visa*, verbraucht das Bitcoin-Netzwerk das 50-fache an Strom, obwohl Visa weitaus mehr Transaktionen im Jahr bearbeitet.[31]

Außerdem ist die Skalierbarkeit des Bitcoins ein großes Problem, welches bereits einmal behoben wurde, indem die Blockgröße, durch SegWit, von maximal 1MB auf maximal 4MB angehoben wurde. Als 1MB noch die Obergrenze war, konnte das Bitcoin-Netzwerk nur sieben Transaktionen pro Sekunde durchführen. Heute müssten es logischerweise viermal so viele, also 28 Transaktionen pro Sekunde, sein. Das reicht aber noch lange nicht, um den Bitcoin als globales Zahlungsmittel nutzen zu können. Visa zum Beispiel bearbeitet bis zu 47.000 Transaktionen in der Sekunde.[32]

Ein weiterer Punkt ist die Akzeptanz in der Gesellschaft. Viele Menschen sind es gewohnt mit Bargeld zu zahlen. Wenn der Bitcoin als globale Währung eingeführt werden sollte, würde dieses nicht mehr existieren. Hinzu kommt noch, dass viele, vor allem ältere, Menschen nicht gut oder gar nicht mit der Technik von heute (Smartphones, Computern etc.) zurechtkommen.

---

[29] Ohne Autor: Der Bitcoin könnte 2020 die gesamte Elektrizität der Welt benötigen, Epoch Times [https://www.epochtimes.de/technik/der-bitcoin-koennte-2020-die-gesamte-elektrizitaet-der-welt-benoetigen-a2290378.html]
[30] Ohne Autor: Renewable Energy will not Save Bitcoin, Digiconomist [https://digiconomist.net/renewable-energy-will-not-save-bitcoin]
[31] Janzing, Bernward: Bitcoin verbraucht zu viel Strom, taz [http://www.taz.de/!5462709/]
[32] Ebert, Kevin: Warum der Bitcoin fast gestorben wäre, BR [https://www.br.de/puls/themen/netz/bitcoin-blockchain-digitale-waehrung-segwit2-miner-kryptowaehrung-transaktion-100.html]

Es müssten Seminare angeboten werden, in denen diesen Menschen beigebracht wird, wie man mit solchen Geräten und dem System des Bitcoins umgeht.

7. Fazit

Den Bitcoin als offizielle, globale Währung zu verwenden ist an sich keine schlechte Idee, da er viele positive Aspekte, wie die Anonymität, die Dezentralität und die Sicherheit der Blockchain, mit sich bringt. Den Schwachpunkt der Blockchain, die 51% - Attacke, kann man außer Acht lassen, da es sehr unwahrscheinlich ist, dass jemand mehr Rechenleistung als das restliche Netzwerk zusammenbringt.

Jedoch darf man, gerade in der heutigen Zeit, in der sich vieles um die Umwelt dreht, den hohen Energiebedarf nicht vernachlässigen, da die Umwelt bei der Energieproduktion, in solchen Maßen, sehr zu Schaden kommt. Man müsste den benötigen Strom komplett aus erneuerbarer Energie gewinnen, um dieses Problem zu beheben.

Außerdem wäre die Geschwindigkeit der Transaktionen viel zu langsam, wenn der Bitcoin als globales Zahlungsmittel verwendet werden würde. Um dies zu beheben, müsste man die Blockgröße von 4MB noch weiter vergrößern, damit mehr Transaktionen gleichzeitig getätigt werden können.

Der mögliche Missbrauch der Anonymität im Bitcoin-Netzwerk ist ein weiterer Punkt der gegen die Verwendung des Bitcoins als offizielle Währung spricht. Würde der Bitcoin die bisherigen Währungen ersetzen, müsste man diese auch nicht mehr in eine andere Währung umtauschen. Daraus würde folgen, dass eine Transaktionen überhaupt nicht mehr einer Person zugeordnet werden könnte.

Schlussfolgernd kann man, mit ziemlicher Sicherheit, sagen, dass der Bitcoin Währungen, wie den US-Dollar oder den Euro, niemals ersetzen wird, da dies mehr Probleme mit sich bringen würde, als der Bitcoin Vorteile hat.

Literaturverzeichnis

1. Ohne Autor: Buchgeld, Deutsche Bank [https://www.bundesbank.de/Redaktion/DE/Glossareintraege/B/buchgeld.html]
2. Ohne Autor: Häufig gestellte Fragen, Bitcoin [https://bitcoin.org/de/faq]
3. Nakamoto, Satoshi: Bitcoin open source implementation of P2P currency, P2P foundation [http://p2pfoundation.ning.com/forum/topics/bitcoin-open-source]
4. Zick, Thomas: Peer-to-Peer – Was ist das?, Chip [https://praxistipps.chip.de/peer-to-peer-was-ist-das_38408]
5. Prof. Dr. Mitschele, Andreas: Blockchain, Gabler Wirtschaftslexikon [http://wirtschaftslexikon.gabler.de/Archiv/-2046105401/blockchain-v7.html]
6. Bitcoin-Blockchain, Block #0 [https://blockchain.info/block/000000000019d6689c085ae165831e934ff763ae46a2a6c172b3f1b60a8ce26f]
7. Ohne Autor: Was ist Bitcoin Mining, BitcoinMining [https://www.bitcoinmining.com/de/]
8. Bitcoin Difficulty, BitcoinWisdom [https://bitcoinwisdom.com/bitcoin/difficulty]
9. SemperVideo: Blockchain – Die Theorie, YouTube [https://www.youtube.com/watch?v=4Eoela-Ai-o]
10. SemperVideo: Blockchain – Die Praxis, YouTube [https://www.youtube.com/watch?v=Ep7nY8aicn8]
11. Ohne Autor: Wie funktioniert Bitcoin-Mining?, BTC ECHO [https://www.btc-echo.de/tutorial/wie-kann-ich-bitcoins-minen/]
12. Kannenberg, Axel: Bitcoin: Belohnung für Miner halbiert sich auf 12,5 Bitcoin, Heise [https://www.heise.de/newsticker/meldung/Bitcoin-Belohnung-fuer-Miner-halbiert-sich-auf-12-5-Bitcoin-3262822.html]
13. Ohne Autor: Individual Mining and Mining Pools, Wayback Machine Internet Archive [https://web.archive.org/web/20150321102332/http://pandacoinpnd.org/individual-mining-and-mining-pools/]
14. Ohne Autor: Was ist eine 51%-Attacke und wie funktioniert sie?, BTC-Echo [https://www.btc-echo.de/tutorial/bitcoin-51-attacke/]
15. Fuest, Benedikt: Der Bitcoin ist weniger anonym als gedacht, Welt [https://www.welt.de/finanzen/article171408831/Der-Bitcoin-ist-weniger-anonym-als-gedacht.html]
16. Absolute hashrate in exahashes per second, fork.lol [https://fork.lol/pow/hashrate]

17. Herstellerangaben von Bitmain, Bitmain Shop [https://shop.bitmain.com/antminer_s9_asic_bitcoin_miner.htm?flag=specifications]
18. Bitcoin Energy Consumption Index, Digiconomist [https://digiconomist.net/bitcoin-energy-consumption]
19. Ohne Autor: Stromverbrauch, Umwelt Bundesamt [https://www.umweltbundesamt.de/daten/energie/stromverbrauch]
20. Ohne Autor: Folgen des Bitcoin-Booms: Mining erzeugt riesigen ökologischen Fußabdruck, Futurezone [https://www.futurezone.de/digital-life/article212428501/Folgen-des-Bitcoin-Booms-Mining-erzeugt-riesigen-oekologischen-Fussabdruck.html]
21. Ohne Autor: Analysten: Warum Bitcoin als Bezahlmethode versagt, Businessinsider Deutschland [http://www.businessinsider.de/analysten-warum-bitcoin-als-bezahlmethode-versagt-2017-11]
22. Preuss, Mark: Was ist Segregated Witness?, BTC-ECHO [https://www.btc-echo.de/was-ist-segregated-witness/]
23. von Hellfeld, Matthias: Die Einführung des Euro – 1. Januar 2002, DW [http://www.dw.com/de/die-einf%C3%BChrung-des-euro-1-januar-2002/a-3991018]
24. Currency Composition of Official Foreign Exchange Reserves (COFER), IMF DATA [http://data.imf.org/?sk=E6A5F467-C14B-4AA8-9F6D-5A09EC4E62A4]
25. Ohne Autor: Fiat-Geld, Kreditkarte.net [https://www.kreditkarte.net/lexikon/fiat-geld/]
26. Ohne Autor: Europäische Zentralbank, europa.eu [https://europa.eu/european-union/about-eu/institutions-bodies/european-central-bank_de]
27. Ohne Autor: Einheiten, BitcoinWiki [https://de.bitcoin.it/wiki/Einheiten]
28. SemperVideo: Bitcoin: Die Internet-Währung [https://www.youtube.com/watch?v=okyWz11OixU]
29. Ohne Autor: Der Bitcoin könnte 2020 die gesamte Elektrizität der Welt benötigen, Epoch Times [https://www.epochtimes.de/technik/der-bitcoin-koennte-2020-die-gesamte-elektrizitaet-der-welt-benoetigen-a2290378.html]
30. Ohne Autor: Renewable Energy will not Save Bitcoin, Digiconomist [https://digiconomist.net/renewable-energy-will-not-save-bitcoin]
31. Janzing, Bernward: Bitcoin verbraucht zu viel Strom, taz [http://www.taz.de/!5462709/]
32. Ebert, Kevin: Warum der Bitcoin fast gestorben wäre, BR [https://www.br.de/puls/themen/netz/bitcoin-blockchain-digitale-waehrung-segwit2-miner-kryptowaehrung-transaktion-100.html]

Abbildungsverzeichnis

Abbildung 1: Bildliche Darstellung eines P2P-Netzwerks 2
Abbildung 2: Der Energieverbrauch des Bitcoin-Netzwerks innerhalb des letzten Jahres 6
Abbildung 3: Die Kosten einer Bitcoin-Transaktion in US-Dollar 7

BEI GRIN MACHT SICH IHR WISSEN BEZAHLT

- Wir veröffentlichen Ihre Hausarbeit, Bachelor- und Masterarbeit

- Ihr eigenes eBook und Buch - weltweit in allen wichtigen Shops

- Verdienen Sie an jedem Verkauf

Jetzt bei www.GRIN.com hochladen und kostenlos publizieren